Armin Täubner

Kinderleichte

Fensterbilder

aus Tonkarton

frech-verlag

ISBN 3-7724-1213-0 · Best.-Nr. 1213 · © Copyright 1988 by Frech

12. Auflage
Erste Zahl maßgebend

frech-verlag

Jahr: 1994 93 92 91
Letzte Zahl maßgebend

Printed in Western Germany · Druck: Frech, Stuttgart-Weilimdorf

Liebe Kinder,

in diesem Buch findet Ihr Fensterbilder, die Ihr sogar bereits im Grundschulalter basteln könnt, wenn Euch die Mutti etwas dabei hilft. Es sind aber auch Bilder dabei, die eher für geübte Bastler unter Euch bestimmt sind.
Was Ihr an Werkzeugen dazu braucht, ist in jedem Haushalt vorhanden. Vielleicht bastelt sogar Eure Mutti selbst Fensterbilder. Sie gibt Euch dann bestimmt gerne einige farbige Kartonstücke ab. Ansonsten müßt Ihr die Kartons selbst kaufen. Soll das Fensterbild eine Überraschung werden, könnt Ihr die Mutti natürlich nicht um Geld für die Kartons bitten. Kauft dann doch einfach mit einigen Freunden die Farbkartons gemeinsam. So spart Ihr Geld, und zusammen mit Freunden macht das Basteln viel mehr Spaß.
Diese Fensterbilder sind nicht nur ein toller Fensterschmuck, sondern mit ihnen könnt Ihr auch Wände und Türen schmükken.
Ich wünsche Euch viel Freude beim Basteln
Armin Täubner

So entsteht ein Wand- oder Fensterbild

1. Du wählst nach den Fotos im Buch ein Bild aus, das Dir gut gefällt und suchst dann auf dem beiliegenden Vorlagebogen das Schnittmuster heraus.

2. Nun bittest Du Deine Mutter um ein größeres Stück **Butterbrotpapier.** Noch besser eignet sich **Transparentpapier.** Dieses durchsichtige Papier legst Du auf das gewünschte Schnittmuster. Mit einem **Bleistift** zeichnest Du alle Teile des Schnittmusters nach. Die Teile sollen sich dabei nicht überschneiden oder teilweise verdecken, wie auf dem Schnittmuster, sondern nebeneinander liegen, so daß Du sie einzeln ausschneiden kannst. Damit Du den Verlauf der verschiedenen Linien besser verfolgen kannst, sind sie gestrichelt, punktiert oder durchgezogen.

3. Jetzt hast Du also alle Teile nebeneinander auf das Transparentpapier gezeichnet. Dieses Transparentpapier klebst Du nun auf **einen leeren Bogen Zeichenpapier oder auf dünnen Karton.** Zum Kleben nimmst Du einen Pritt-Stift.
Die aufgezeichneten Teile müssen nun ganz genau ausgeschnitten werden. Wir nennen sie **Schablonen.**

4. Jede Schablone legst Du auf den Karton mit der entsprechenden Farbe und umfährst sie mit einem spitzen Bleistift. Hast Du die Schablonen ausgeschnitten, kannst Du gleich die Teile für mehrere Fensterbilder aufzeichnen und ausschneiden.

5. Alle Kartonteile werden sauber ausgeschnitten. Meistens kommst Du mit einer **spitzen, mittelgroßen Schere** aus. Doch wenn eine runde Öffnung herausgeschnitten werden soll, nimmst Du am besten eine **Nagelschere.** Die Bleistiftlinien werden vorsichtig ausradiert.

6. Damit jedes Teil an die richtige Stelle kommt, legst Du alle Teile auf das Schnittmuster und klebst sie hier zusammen.

7. Jedes Wand- oder Fensterbild braucht mindestens ein Loch für die Aufhängung.

Diese Löcher sind auf den Vorlagebögen als kleine Kreise oder als Punkte eingezeichnet und sollten von Dir ebenfalls auf die entsprechenden Schablonen übertragen werden. Du legst einfach die Schablone mit dem eingezeichneten Loch auf das fertige Bild und stichst mit einer **Vorstechnadel** oder einem **Stechzirkel** durch die Schablone und durch das Bild. Vorher mußt Du aber für eine **Unterlage aus alten Zeitungen, Karton oder ähnlichem** sorgen. Das Bild wird an **kräftigem Nähgarn** aufgehängt.

8. Der **Unterschied zwischen Wand- und Fensterbild** besteht darin, daß beim Wandbild alle Teile nur einmal benötigt werden, weil man immer nur dieselbe Seite sieht. Beim Fensterbild siehst Du aber beide Seiten. Deshalb müssen manche Teile doppelt ausgeschnitten und auch auf die Rückseite geklebt werden.

9. Je kräftiger die Farben Deines Fensterbildes sind, desto stärker bleichen sie bei starker Sonnenbestrahlung aus. So wird aus Dunkelblau mit der Zeit Hellblau und aus Rot wird Rosa. Wandbilder behalten ihre kräftigen Farben, weil sie nicht direkt in der Sonne hängen.

Alle Fensterbilder in diesem Buch werden aus farbigem Karton gefertigt. Dieser Karton, der **Tonkarton** genannt wird, ist in mehreren Stärken in Papier- und Schreibwarengeschäften erhältlich. Frage dort nach **Tonkartons mit einem Quadratmetergewicht zwischen 200 und 250 g.** Wenn Du für ein Fensterbild eine bestimmte Farbe, z. B. Rosa, benötigst und sie ist in diesem Geschäft nicht vorrätig ist, kannst Du auch das dünnere **Tonpapier** in der gewünschten Farbe verwenden. Du zeichnest die Figur auf, schneidest sie grob aus und klebst sie auf ein anderes Tonpapierstück. Nun wird die Figur exakt ausgeschnitten. Du mußt also einfach für die Figuren das Papier doppelt nehmen.

So viele leckere Äpfel!

1. Bei diesem Appetit machenden Wandbild beginnst Du mit dem Baum. Der Stamm wird auf die Baumkrone geklebt. Anschließend verteilst Du die roten Äpfel auf der grünen Baumkrone.
2. Für die Leiter benötigst Du zwei lange und fünf kurze, braune Kartonstreifen. Zwischen den Leitersprossen ist jeweils 3 cm Platz.
3. Die Leiter klebst Du an der rechten Wurzel und an der Baumkrone fest. Unten an der Leiter liegt ein Apfel, auf dem Du ein grünes Blatt befestigst.
4. Nun wird der Apfelkorb gefüllt. Du klebst vier oder fünf Äpfel von hinten an den Korb. Ein grünes Blatt macht sich sehr gut zwischen den roten Früchten. Von vorne bringst Du den Tragegriff an. Das Ausschneiden dieses Griffes hat Dir wahrscheinlich die meiste Mühe gemacht, aber Du kannst ihn auch weglassen, oder Deine Mutti fragen, ob sie es nicht für Dich macht. Der rechte Korbrand wird schließlich von hinten am Baumstamm befestigt.

Wie findest Du meinen Sitzplatz?

1. Ich bestehe aus sechs Teilen. Du mußt also meinen Leib, den weißen Bauchfleck, meine Hinterbeine und meine beiden Innenohren ausschneiden. Wie die Hinterbeine und der Bauchfleck aufgeklebt werden, siehst Du auf dem Vorlagebogen. Von den hellen Innenohren wird eines auf der Vorderseite und eines auf der Rückseite in mein braunes Ohr geklebt. Augen, Näschen und Barthaare zeichnest Du am besten dünn mit Bleistift vor und ziehst die Linien mit Filzstift nach.

2. Der große Pilz besteht aus fünf Teilen. Auf den weißen Stiel, zu dem noch die weiße Hutunterseite gehört, klebst Du auf Vorder- und Rückseite jeweils eine weiße Manschette. Sie ist auf dem Vorlagebogen mit Pünktchen eingerahmt. Der rote Pilzhut wird ebenfalls auf beiden Seiten aufgeklebt. Die beiden Einstichlöcher nicht vergessen!

3. Das Rasenstück und die beiden Teile des kleinen Pilzes brauchst Du nur einmal auszuschneiden.

4. Damit die beiden Pilze an der richtigen Stelle auf das Rasenstück geklebt werden, legst Du sie genau auf den Vorlagebogen und klebst sie zusammen. Und nun setzt Du mich auf den kleinen Pilz.

5. Jetzt fehlen nur noch die gelben Schmetterlinge. Wenn Du sie ausgeschnitten hast, falte sie in der Mitte und zeichne dann mit feinem, schwarzem Filzstift ihre Leiber und die Punkte auf die Flügel. An einem Schmetterling mußt Du noch ein Aufhängeloch anbringen. Daran kannst Du den Faden anknoten, mit dem er am Pilzhut befestigt wird.

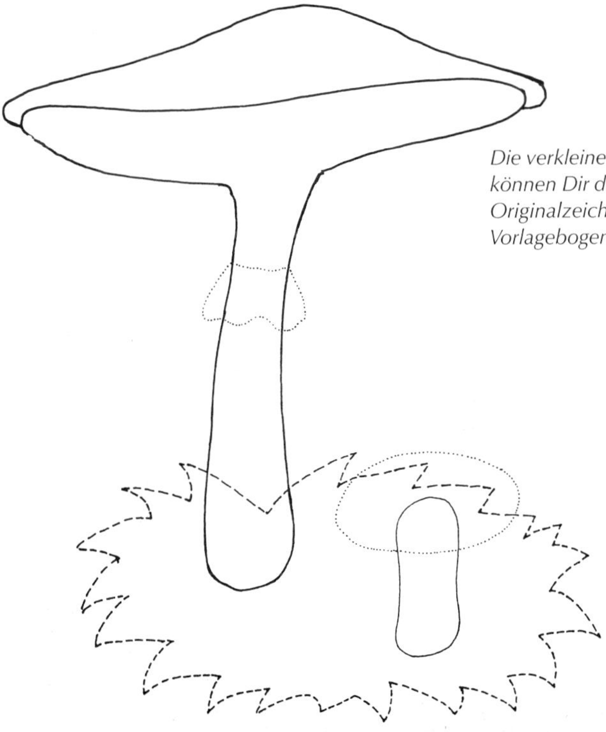

Die verkleinerten Zeichnungen können Dir dabei helfen, die Originalzeichnungen auf dem Vorlagebogen zu finden.

Was die beiden sich wohl erzählen?

1. Beide Goldfische sind genau gleich groß. Die Augen und die Nasenlöcher malst Du mit schwarzem Filzstift auf.
2. Die Aufhängelöcher für die Fische werden in der Mitte der Rückenflossen eingestochen.
3. Für das Herausschneiden des Aquariuminnerns eignet sich am besten eine Nagelschere. Du gehst dabei folgendermaßen vor: Zuerst stichst Du in die Mitte ein Loch. Mit der Nagelschere wird das Loch so lange vergrößert, bis Du zum mit Bleistift aufgezeichneten Rand kommst.
4. Im unteren Teil des Aquariums werden die drei Wasserpflanzen angebracht, die größte in der Mitte.
5. Die Fische mußt Du in unterschiedlichen Höhen anbinden, weil sie sonst zusammenstoßen.

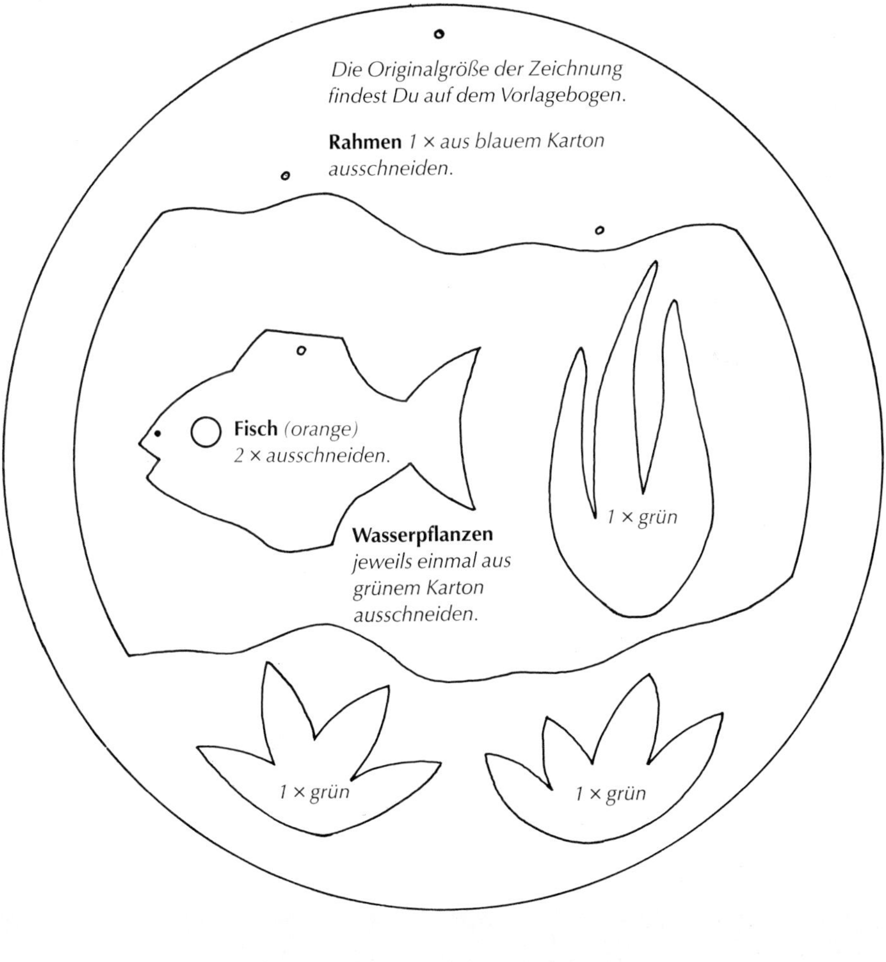

Wer möchte einen Luftballon?

Rahmen: Beim Ausschneiden des Rahmens läßt Du Dir am besten von Deiner Mutter helfen. Er kann als ein Teil ausgeschnitten werden, oder Du schneidest den Bogen und den Kartonstreifen getrennt aus und klebst sie anschließend zusammen.

1. Teddy: Auf den braunen Teddykörper werden alle sechs weißen Teile gelegt. Hast Du die richtigen Stellen gefunden, werden sie vorsichtig mit spitzem Bleistift umfahren. Bestreiche nun die Teile auf der Rückseite mit dem Pritt-Stift und lege sie in die mit Bleistift umrahmten Flächen. Sind manche Teile zu klein, um sie richtig aufzulegen, nimmst Du einfach eine Pinzette zuhilfe.

2. Markiere die Stellen, wo Augen, Nase und Mund aufgezeichnet werden sollen zunächst mit jeweils einem Bleistiftpunkt. Die Augenpunkte werden vorsichtig erweitert, bis sie die richtige Größe und Rundung haben. Um den Nasenpunkt zeichnest Du ein Dreieck, das an der Oberseite noch einen leichten Bogen bekommt. Den Nasenpunkt und den Mundpunkt verbindest Du und zeichnest vom Mundpunkt aus nach beiden Seiten einen kleinen Bogen nach unten.

3. Eine Bärenpfote kannst Du an der punktierten Linie umklappen und in die andere an der Unterseite einen kleinen Einschnitt machen, denn hier wird später der Faden der Luftballons eingehängt.

4. Jeder der beiden Luftballons besteht aus zwei Teilen. Falte jeweils ein Luftballonteil der Länge nach und klebe es auf das andere.

5. Lege den Rahmen, den Teddy und die Luftballons genau auf den Vorlagebogen. Nun siehst Du genau, wo was angeklebt werden muß.

6. Binde ein Fadenstück an einen Luftballon. Das längere Fadenende wird in die Kerbe an der Pfotenunterseite gezogen und am anderen Ballon angeknotet.

Die Zeichnung findest Du in Originalgröße auf dem Vorlagebogen

Jetzt ist Birnenzeit

Dieses Fensterbild ist wirklich kinderleicht.

1. An den braunen Stamm klebst Du von hinten oben die Baumkrone und unten das gezackte Wiesenstück.

2. Die beiden Vögel sehen genau gleich aus. Die Augen malst Du mit schwarzem Filzstift auf und für den roten Kehl-Brustfleck nimmst Du einen roten Filzstift. Auf dem Vorlagebogen ist der rote Fleck mit einer Linie aus Pünktchen abgegrenzt.

3. Klebe einen Vogel von hinten so an das Nest, daß sein Kopf nach links zeigt. Dieses Vogelnest hat seinen Platz in der großen Astgabel. Auf dem längsten Ast sitzt der andere Vogel.

4. Mit einem schwarzen Filzstift malst Du an das dicke Ende jeder Birne einen schwarzen Punkt. Die Birnen werden rund um das Vogelpaar an die grüne Baumkrone geklebt. Zwei reife Birnen liegen bereits im Gras.

Siehe Zeichnung in Originalgröße auf dem Vorlagebogen.

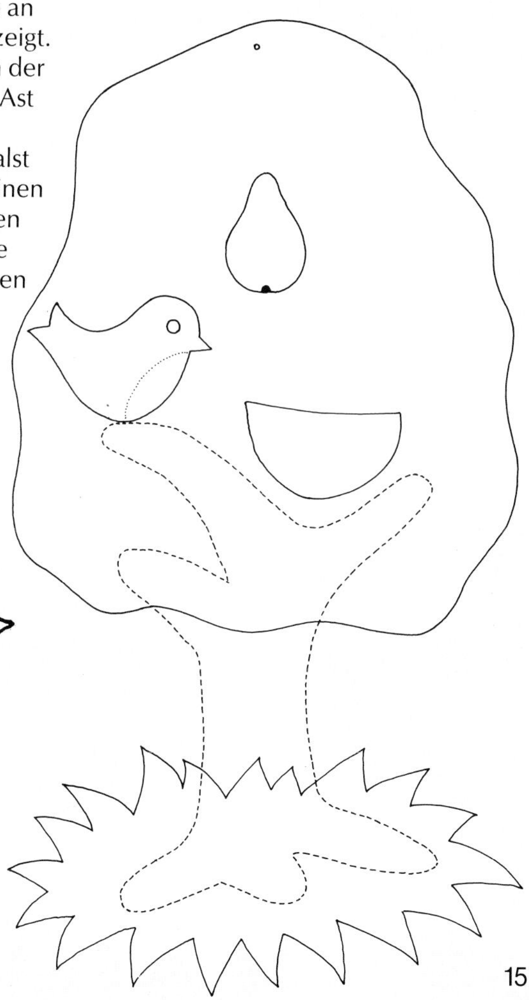

Bin ich nicht süß?

1. Beginnen mußt du mit meinem Körbchen. Es besteht aus drei Teilen. Das untere, größere Teil mußt Du zweimal ausschneiden. An ein Teil klebst Du zuerst den Tragegriff und dann mein Schwänzchen. Von meinem Schwänzchen ist das kurze Stück bis zu der gestrichelten Linie noch im Körbchen. Nun kann das andere Korbteil aufgeklebt werden.

2. Auf mein weißes Köpfchen klebst Du meine runde, rosa Nase und die rosa Innenohren.

3. Wenn Du meine runden, weißen Augen aufgezeichnet hast – sie dürfen auch etwas größer sein – nimmst Du einen schwarzen Filzstift und malst einen dicken, schwarzen Punkt hinein. Besser ist es, wenn Du gleich noch einige Ersatzaugen aufzeichnest. Die beiden schönsten Augen schneidest Du aus und klebst sie auf mein Gesicht.

4. Am schönsten sehe ich aus, wenn mein Kopf leicht schräg und nicht genau in der Mitte des Körbchens angeklebt wird. Meine beiden Vorderpfoten befinden sich dabei dicht neben meinem Kopf am Korbrand.

5. Beim Ausschneiden der rosa Schleife muß wahrscheinlich Deine Mutti mithelfen. Wenn Du das Schleifeninnere herausschneiden willst, stichst Du mit einer spitzen Schere zuerst ein Loch hinein und schneidest mit einer Nagelschere das Innere heraus. Vielleicht hat Deine Mutti auch ein Bastelmesser. Mit einem Bastelmesser kann sie Dir das Schleifeninnere schnell und sauber herausschneiden.

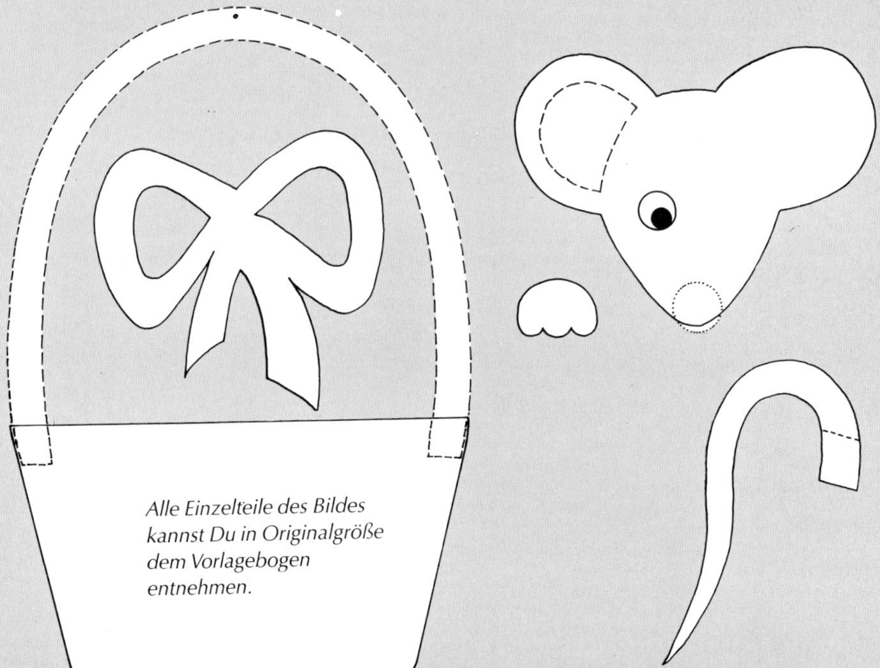

Alle Einzelteile des Bildes kannst Du in Originalgröße dem Vorlagebogen entnehmen.

Im Katzenkorb

1. Diese beiden süßen Kätzchen werden von hinten an den Korb geklebt. Dabei überschneiden sich die Katzenkörper. Die Vorderpfote nicht am Korb ankleben.

2. Keine Schwierigkeiten wird Dir das Aufkleben der rosa Innenohren bereiten. Bei dem rosa Näschen ist dies etwas schwieriger. Du legst die Näschen auf den Kopf und schiebst sie so lange hin und her, bis Du die richtige Stelle gefunden hast. Nun nimmst Du einen spitzen Bleistift und umfährst das Näschen. Das Näschen wird nun abgenommen, mit dem Pritt-Stift bestrichen und in den umrahmten Bereich geklebt. In die grünen Katzenaugen malst Du mit schwarzem Filzstift die Pupillen. Die endgültigen Stellen, wo die Augen hinkommen, findest Du ebenfalls durch Verschieben. Ein Kätzchen erhält noch ein Halsband.

3. Die Schnurrbarthaare und das Mäulchen werden leicht mit Bleistift vorgezeichnet. Anschließend ziehst Du die Linien mit schwarzem Filzstift nach.

4. Vor beide Kätzchen werden von vorne die beiden rosa Teppichteile geklebt.

5. Der Tragegriff kann weggelassen werden, oder Du schiebst ein an der Rückseite mit dem Klebstift bestrichenes Ende des Tragegriffs unter die Katzenpfote. Das andere Griffende wird hinter der Katze angeklebt.

6. Unter die Katzenpfote schiebst Du einen schmalen, leicht gewundenen Kartonstreifen.

7. Nun werden noch die beiden gelben Wollknäuel befestigt.

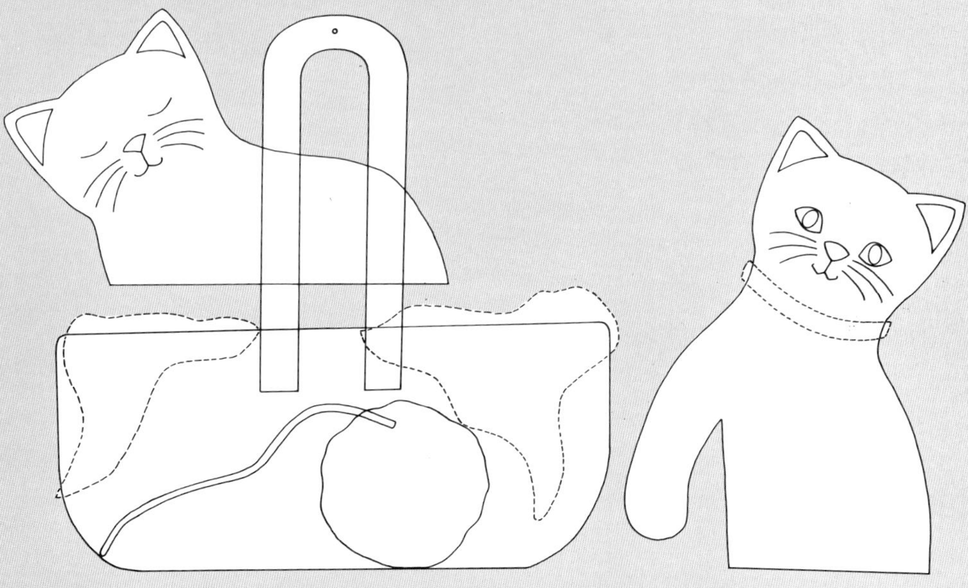

Am Meisenring

1. Wie Du vielleicht weißt, hängen viele Leute im Winter Meisenringe für die hungrigen Vögel auf. Dieses Fensterbild wird wohl deshalb vor allem in den Wintermonaten Dein Fenster schmücken.

2. Jeder Vogel besteht aus dem Rumpf und zwei gleich großen Flügeln.

3. Die Augen werden mit Bleistift leicht vorgezeichnet und mit schwarzem Filzstift ausgemalt.

4. Für den Meisenring brauchst Du keine Schablone. Ein Zirkel genügt. Du stichst ihn am Mittelpunkt M ein und zeichnest zwei Kreise auf weißen Karton in denselben Größen wie auf dem Vorlagebogen.

5. Am schwierigsten ist wohl das Ausschneiden des Ringes. Damit Du die Innenfläche herausschneiden kannst, stichst Du mit einer Nagelschere ein Loch in die Mitte des aufgezeichneten Ringes. Nun schneidest Du zuerst ein kleines Loch, das wie ein Schneckenhaus nach außen immer größer wird, bis Du zum Bleistiftkreis kommst.

6. Mit einem schwarzen Filzstift ziehst Du den inneren und den äußeren Rand nach.

Es war einmal ein kleiner Elefant...

1. Auf den gelben Wüstenfleck klebst Du zuerst die beiden großen Palmen. Ihre Stämme sind zu einem braunen Bogen zusammengewachsen. Direkt an der Biegung werden die grünen Palmenwipfel befestigt.

2. Zu beiden Seiten des großen Palmenbogens wachsen zwei kleinere Palmen. Auf dem Vorlagenbogen ist nur eine Palme abgebildet, weil beide Palmen genau gleich sind.

3. Der Elefant besteht aus drei Teilen. Auf den grauen Leib klebst Du das Ohr und den weißen Stoßzahn. Für das schwarze Auge brauchst Du einen spitzen Filzstift.

4. Direkt unter dem Palmenbogen wird der Elefant auf dem Wüstenboden befestigt. Etwas darunter befindet sich die Wasserpfütze.

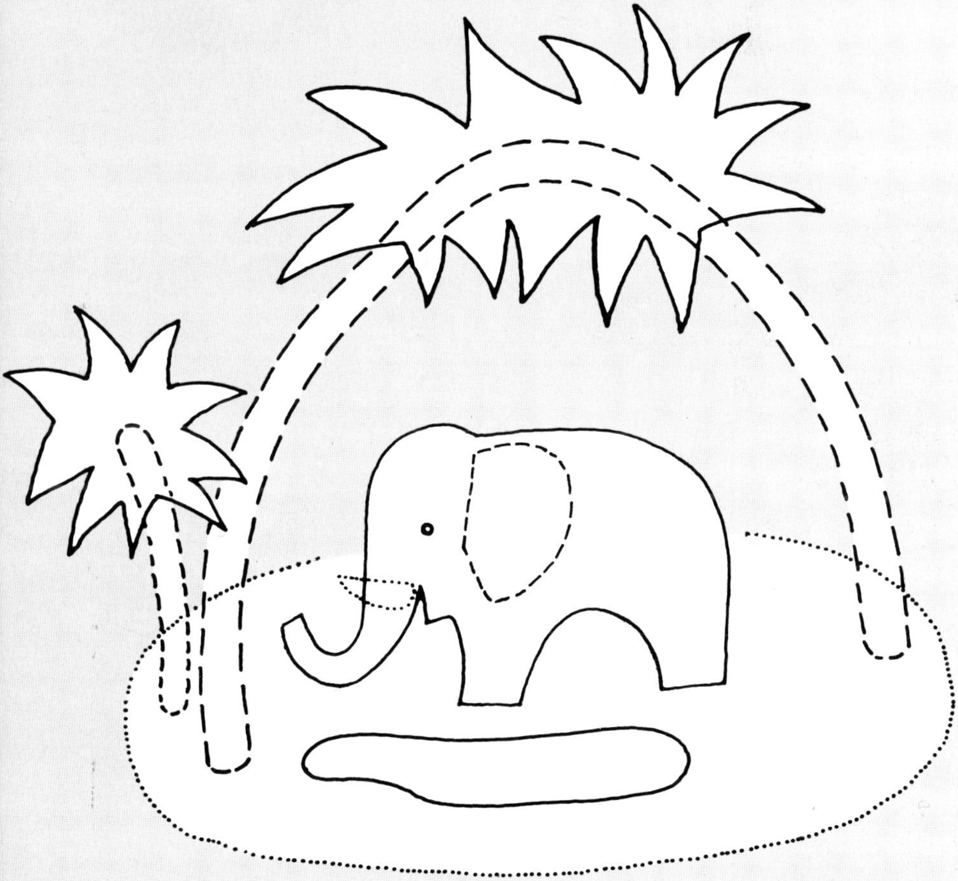

Schlüpftag im Hühnerhof

1. Für dieses Mobile mußt Du einen roten, einen gelben und einen schwarzen Filzstift bereitlegen. Auf die weißen Kartonfiguren von Hahn und Hühnern werden die Schnäbel, Kämme, Kehlsäcke und die Augen mit Filzstift angemalt.
2. Das brütende Huhn schneidest Du ohne Beine aus und klebst es auf eines der beiden Nester. Dazu kommen noch einige Eier und Küken.
3. Am blauen Himmel klebst Du die drei Wolken fest und stichst am oberen Rand zwei Löcher und am unteren Rand drei Löcher ein.
4. Für die Aufhängung des Hahns müssen zwei Löcher in den Rücken gestochen werden. Ein etwa 15 cm langes Fadenstück wird an beiden Löchern festgeknotet. In der Mitte dieses Fadens bindest Du nun den Aufhängefaden fest.
5. Bei den Hühnern ist nur eine Einstichstelle im Rücken notwendig.
6. Der Hahn hängt in der Mitte, während links und rechts neben ihm jeweils ein Huhn und ein Nest übereinander hängen. Damit die Abstände etwa gleich groß sind, legst Du Himmel, Hahn, Hühner und Nester auf ein kariertes Papier.

Wir sind schon sechs Tage alt

1. Wenn Du uns haben willst, schneidest Du am besten zuerst meinen Bruder aus. Er hat meistens den Schnabel zu und läßt sich deshalb viel leichter ausschneiden. Den Schnabel färbst Du auf beiden Seiten mit rotem Filzstift ein. Für die Augen nimmst Du einen schwarzen Filzstift. Bei mir gehst Du genauso vor. Bis auf meinen geöffneten Schnabel sind wir genau gleich.

2. Der blaue Rahmen ist etwas schwieriger auszuschneiden. Zum einen sollte er außen schön gleichmäßig rund sein. Dazu nimmst Du eine gewöhnliche Bastelschere. Das Innere kannst Du am besten mit einer Nagelschere herausschneiden. Nun klebst Du uns auf den Rahmen und fertig ist das Fensterbild. Vielleicht klebst Du mich sogar vor meinen Bruder, dann ärgert er sich mächtig.

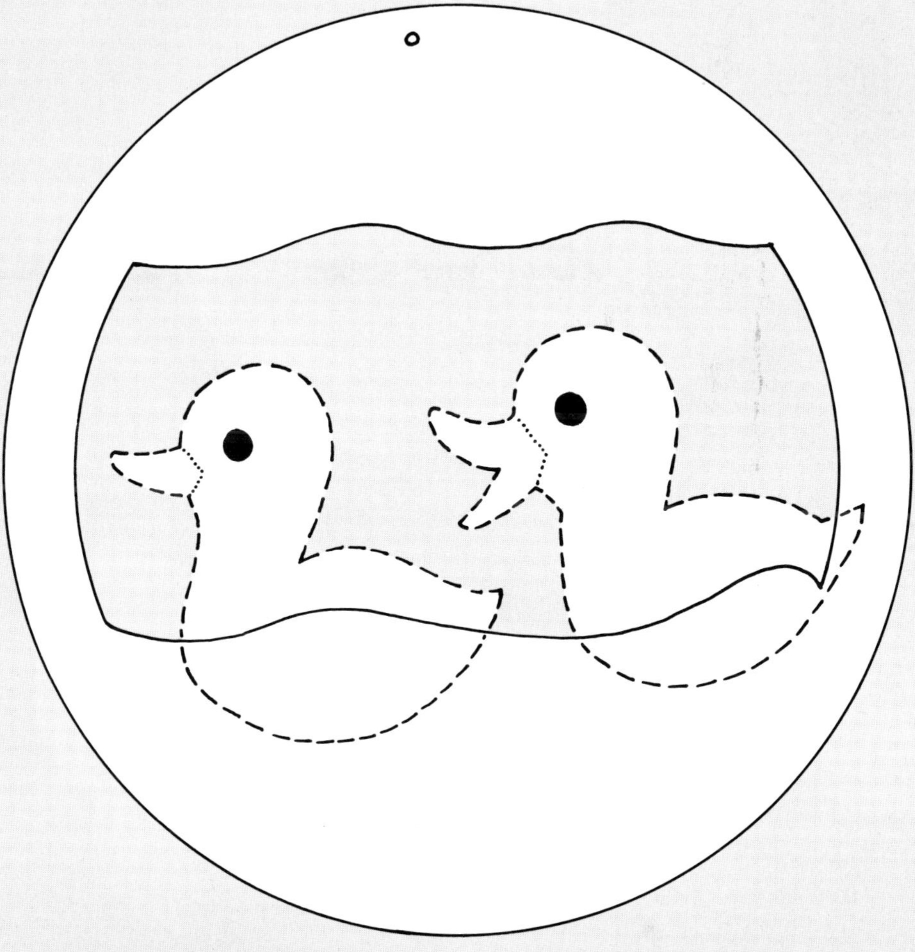

Ich bin soeben ausgeschlüpft!

1. Damit mein Schnabel und meine Augen auch an die richtige Stelle kommen, brauchst Du einen gut gespitzten Bleistift und ein Lineal. Die Bleistiftstriche sollen so leicht sein, daß sie kaum sichtbar sind und sich leicht wieder ausradieren lassen. Du zeichnest also ein Kreuz, genauso wie Du es auf dem Vorlagebogen siehst. Nun ist es ein Kinderspiel, die Augen und den Schnabel an die richtige Stelle zu kleben. Vergiß meinen Flügel nicht.

2. Wenn Du das Ei auf eine Schablone übertragen hast, schneide es entlang der Bruchlinie auseinander. Mit diesen beiden Schablonen überträgst Du die Umrisse auf weißen Karton und schneidest sie sauber aus.

3. Das innere der großen, roten Kreisscheibe schneidest Du mit der Nagelschere heraus.

4. Das kleinere Schalenteil sitzt wie ein Hut auf meinem Kopf, der größere liegt neben mir.

Für Mutti zum Muttertag

Dieser Blumenkorb
ist ein tolles
Muttertagsgeschenk.

1. An den weißen Korb klebst Du zuerst den Tragebügel und dazwischen das grüne Blätterteil, das auf dem Vorlagebogen mit kleinen Punkten eingerahmt ist. Nun wird das zweite Korbteil genau auf das andere geklebt. Der Korb sieht nun auf der Vorder- und auf der Rückseite gleich aus.

2. Dort, wo die beiden Enden des Trage bügels zwischen den beiden zusammengeklebten Korbteilen verschwindet, klebst Du die rosa Schleifen auf. Hierfür nimmst Du statt des Klebestifts Pritt-Alleskleber aus der Flasche, weil er an dem Schleifenstoff besser haftet.

3. Nun schneidest Du die Blüten aus, die aus zwei unterschiedlich großen Kreisen bestehen. Die andere Blüten haben einen Einschnitt.

4. Diese Blüten verteilst Du nun auf dem Blattgrün und klebst sie mit dem Stift fest.

5. Die beiden gelben Schmetterlinge werden mit einem feinen, schwarzen Filzstift verziert und ebenfalls aufgeklebt.

6. Jetzt fehlt noch ein kleines Kärtchen, auf das Du einige Zeilen an Deine Mutter schreibst.

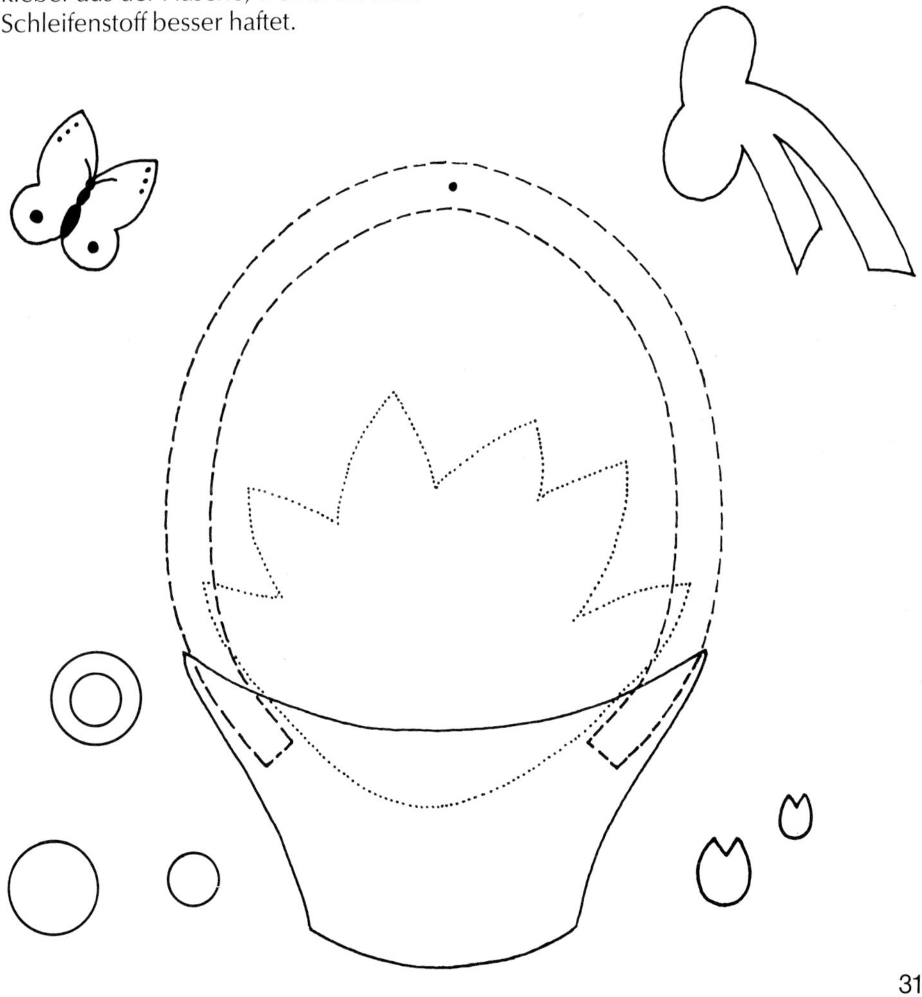

Daniel, der kleine Schäfer

1. Der kleine Schäfer: Das Gesicht kannst Du am besten auf das rosa Gesichtsteil zeichnen, bevor Du es ausschneidest. Ganz leicht, so daß Du die Linien kaum siehst, wird das Gesicht mit spitzem Bleistift vorgezeichnet. Mit spitzem, schwarzem Filzstift können nun die Linien nachgezogen werden. Klebe nun das fertige Gesicht auf den ausgeschnittenen Schäfer.

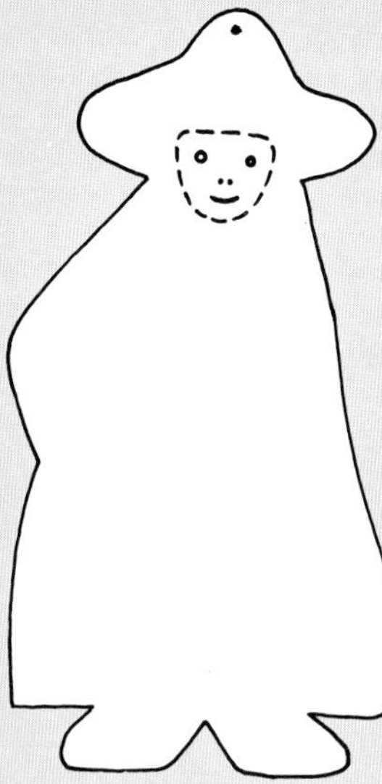

2. Sein Hund: Bei ihm werden einfach die beiden Ohren angeklebt und mit Filzstift die Augen aufgemalt.
3. Seine Schafe: Auch die Schafe werden Dir kaum Schwierigkeiten bereiten. Auf den weißen Schafkörper werden auf Vorder- und Rückseite die beiden braunen Kopfteile angeklebt und die Augen mit Filzstift eingezeichnet.
4. Die Aufhängung: Auf dem Vorlagebogen kannst Du sehen, wo die Aufhängelöcher eingestochen werden. Am besten stichst Du diese Löcher aber bereits in die Schablonen, so daß Du sie problemlos auf die Kartonfiguren übertragen kannst.

5. Die Figuren können entweder nebeneinander oder, wie auf dem Foto, untereinander an einem Holzstab aufgehängt werden. Damit die Fäden auf dem Stab nicht verrutschen, machst Du entweder einfach einen Tropfen Pritt-Alleskleber darauf, oder Dein Vater schneidet feine Kerben ins Holz. Beim Anbinden der Figuren läßt Du Dir am besten von Deinen Eltern helfen. Die Abstände zwischen den Figuren betragen 8 cm.

Hallo, ich bin der Osterhase

1. Zuerst mußt Du den schmalen, gelben Bogen ausscheiden. Unten wird das halbmondförmige, braune Bodenstück angeklebt.

2. Nun ist der Hase an der Reihe. Mit spitzem Bleistift zeichnest Du das Schnäuzchen so vor, daß man es gerade noch erkennen kann und fährst die Linien mit Filzstift nach. Ein Radiergummi beseitigt die noch sichtbaren Bleistiftspuren.

3. Den braun-gelben Rahmen und den Hasen legst Du auf den Vorlagebogen. Der Hase wird mit den Pfoten und einem Ohr am Rahmen angeklebt.
4. Bei den Tulpenblättern kannst Du zwischen zwei Möglichkeiten auswählen. Am einfachsten ist es, wenn Du die Blätter als zwei Büschel ausschneidest und aufklebst. Erheblich mehr Mühe bereitet es Dir, wenn jedes Blatt einzeln ausgeschnitten und angeklebt wird.
5. Alle Tulpenblüten und die Eier bestehen jeweils aus zwei Teilen. Du faltest einfach ein Teil der Länge nach und klebst es auf das andere Teil. Nun brauchst Du nur noch die Blüten und Eier auf dem Wandbild befestigen.
6. Wenn Du dem Hasen auch auf der Rückseite Schnäuzchen und Auge aufmalst sowie Tulpenblätter und -blüten aufklebst, wird daraus ein tolles Fensterbild.

Ich mag Möhren über alles

1. Das Schnäuzchen macht den Anfang. Es wird entlang der gestrichelten Linie samt den beiden Nagezähnen ausgeschnitten. Aus schwarzem Tonpapier schneidest Du das dreieckige Näschen aus und klebst es auf.

2. Etwas darunter beginnen die Nagezähne. Mit einem spitzen Bleistift kannst Du ganz leicht die Umrisse der Zähne aufzeichnen und die Linien entweder mit einer Nagelfeile eindrücken oder mit schwarzem Filzstift nachzeichnen.

3. Dieses Schnäuzchen legst Du auf den Hasenkopf und suchst durch Verschieben die richtige Stelle. Mit Bleistift umfährst du vorsichtig das Schnäuzchen und nimmst es dann ab. Nun kann das Schnäuzchen auf der Rückseite mit dem Pritt-Stift bestrichen und erneut aufgelegt werden.

4. Mit den Augen, den weißen Innenohren und dem weißen Bauchfleck machst Du es genauso.

5. Als nächstes werden die Blätter an die Möhre geklebt. Die angeknabberte Möhre klebst Du unter die Nagezähne. Nun brauchen nur noch die beiden Vorderbeine, die die Möhre halten, aufgeklebt werden.

Hasenmutter mit Kind

1. Aus Deiner Hasenschablone brauchst Du den großen Kreis noch nicht herauszuschneiden. Es genügt, wenn Du den Umriß des großen Hasen auf braunen Karton überträgst. Wenn Du den Hasen ausgeschnitten hast, stichst Du im Kreismittelpunkt M mit dem Zirkel ein und zeichnest den Kreis. Nun stichst Du mit der Nagelschere in den Mittelpunkt ein und schneidest zuerst ein kleines Loch, das Du immer mehr erweiterst, bis es so groß ist wie die aufgezeichnete Kreislinie.

2. Auf der Hasenschablone sollten auch die beiden Einstichstellen am hinteren Hasenohr und im Rücken nicht fehlen. Du legst einfach den ausgeschnittenen Hasen genau unter sie Schablone und stichst an den beiden Stellen ein.

3. Das weiße Innenohr, das Näschen, das Halsband und das zweiteilige Auge mußt Du zweimal ausschneiden und auf beiden Seiten ankleben.

4. Über den kleinen, braunen Schwanz wird auf beiden Seiten noch ein weißes Schwanzteil geklebt.

5. Beim kleinen Hasen brauchst Du natürlich nicht den Mittelpunkt M einzeichnen, sondern nur ein Loch für den Aufhängefaden zwischen die Ohren stechen. Das zweiteilige Auge muß ebenfalls auf Vorder- und Rückseite aufgeklebt werden.

Mich kann jeder basteln

1. Zuerst mußt Du mein Gesicht aufmalen. Dazu eignen sich am besten rote und schwarze Filzstifte. Wer mit dem Umgang der Schere schon geschickter ist, kann meine Nase und meine Augen auch aus Farbkarton ausschneiden und aufkleben.

2. Dieses weiße Gesichtsteil klebst Du auf das große, rote Teil. Nun brauchst Du nur noch die drei runden, weißen Scheiben auszuschneiden und als Mützenspitze sowie als Knöpfe anzubringen.

Bald ist Weihnachten

Sind erst einmal alle Teile ausgeschnitten, ist es egal, in welcher Reihenfolge Du sie aufklebst. Beim Anbringen der Kerzen mußt Du unbedingt darauf achten, daß die Kerzen an den Zweigspitzen senkrecht aufgeklebt werden. Du siehst dies am besten, wenn Du dazu den Baum und die Kerzen auf ein kariertes Papier legst. Zwischen den Kerzen werden die roten Glaskugeln möglichst gleichmäßig auf den grünen Zweigen verteilt.

Weißt Du, wieviel Sternlein stehen...?

1. Die Gesichter von Mond und Sternen werden auf Vorder- und Rückseite mit spitzem Bleistift leicht vorgezeichnet. Anschließend nimmst Du einen feinen, schwarzen Filzstift, ziehst die Linien nach und malst die Augen aus. Nun werden die Bleistiftspuren ausradiert und mit einem roten Farbstift die runden Wangen aufgemalt.

2. Den blauen Himmel mußt Du möglicherweise doppelt ausschneiden und beide Teile aufeinanderkleben. Dies ist dann der Fall, wenn Du nachher Wolken, Mond und Sterne aufhängst und sich der Himmel stark verbiegt.

3. Ordne alle Teile so unter dem Himmel an, wie Du sie später daran aufhängen willst. Auf dem Vorlagebogen sind die Einstichlöcher eingezeichnet. Die Wolken und Sterne, und natürlich auch der Mond, erhalten jeweils zwei Einstichlöcher. In der unteren Reihe ist nur ein Einstichloch notwendig.

4. Am schönsten sieht das Mobile aus, wenn die Abstände zwischen den Teilen gleich groß sind, beispielsweise 8 cm.

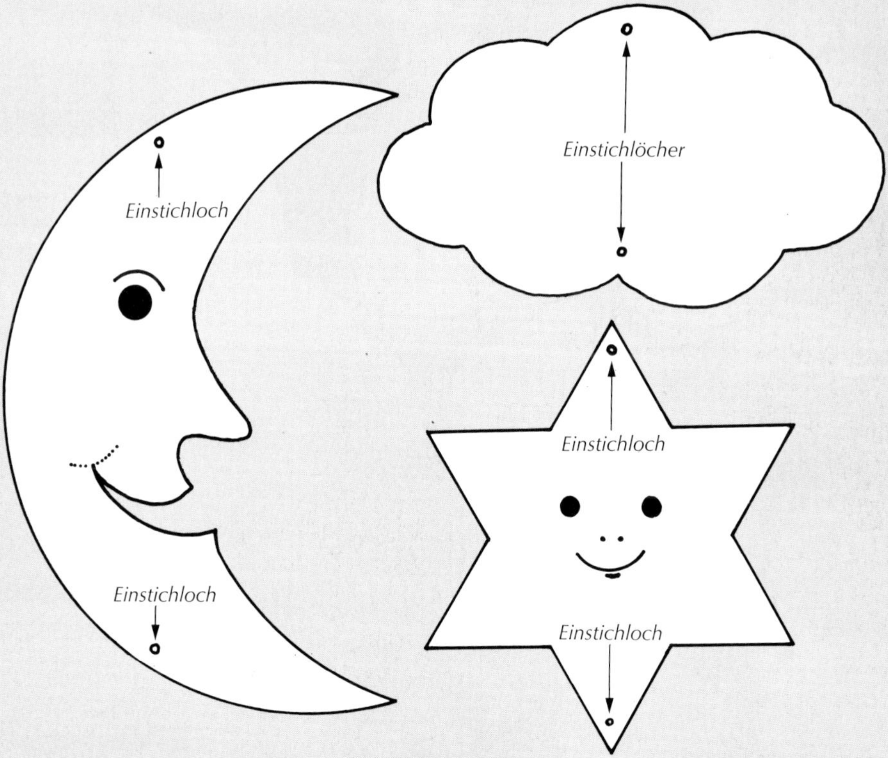

Winter ade!
Scheiden tut weh!

1. Der Rahmen besteht aus der Wiese und dem blauen Bogen, der von hinten an die Wiese geklebt wird.
2. Klebe die weißen Schneereste und Wolken sowie die gelbe Sonne auf den Rahmen.
3. Bei jedem Mitglied der Schneemannfamilie mußt Du alle Kopfbedeckungen zweimal ausschneiden. Sie werden auf Vorder- und Rückseite geklebt.
4. Ebenfalls auf Vorder- und Rückseite beim Schneemann zuerst den blauen Halsring des Schals befestigen. Anschließend kannst Du den unteren Teil des Schals anbringen.
5. Nun werden die Rübennasen und der Besen angeklebt.
6. Für das Aufzeichnen von Augen, Mund und Knöpfchen nimmst Du einen feinen, schwarzen Filzstift.
7. Jetzt kannst Du die ganze Schneemannfamilie auf die Wiese kleben.

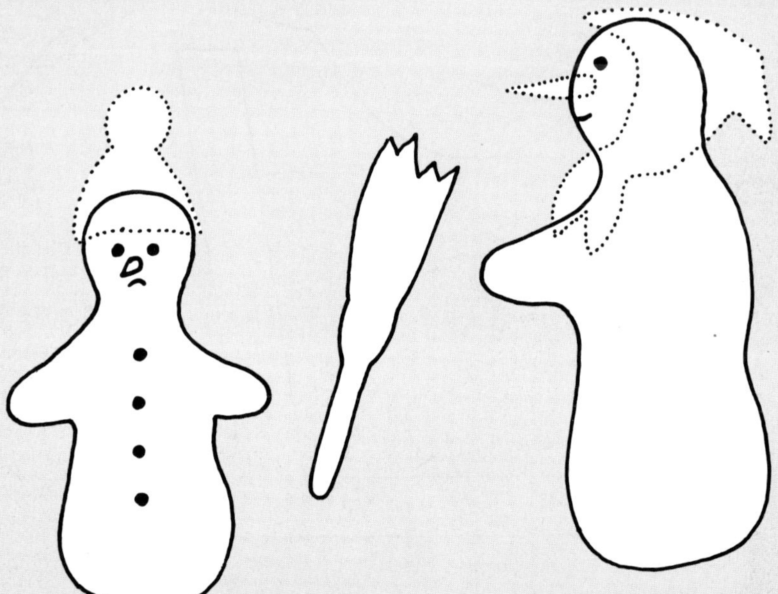

Hungrige Wintergäste *(Abb. siehe Umschlagrückseite)*

Das Futterhäuschen besteht aus drei Teilen: dem roten Unterbau und dem doppelt ausgeschnittenen Schneedach.

1. Zum Zusammenkleben des Futterhäuschens legst Du zunächst ein weißes Dachteil auf den Vorlagebogen. Darauf klebst Du nun den roten Unterbau. Das zweite Dachteil verdeckt die oberen Enden des roten Unterbaus.

2. Den grünen Vögeln klebst Du gelbe Flügel auf. Bei den gelben Vögeln ist es genau umgekehrt. Beachte die Flügelstellung!

3. Die Augen werden mit schwarzem Filzstift aufgemalt.

4. Ein Vogel hängt unterhalb des Häuschens, während die übrigen aufgeklebt werden.